JN440718

도마 소리

도마 소리

초판 1쇄 발행 2021년 9월 15일

지은이 서민경

펴낸이 임병천
펴낸곳 책나무출판사
출판신고 2004년 4월 22일 (제318-00034)

주소 서울시 영등포구 신길3동 325-70 3F
전화 02-338-1228 **팩스** 0505-866-8254
홈페이지 www.booktree.info

ISBN 978-89-6339-675-0 03810

도마 소리

서민경 두 번째 시집

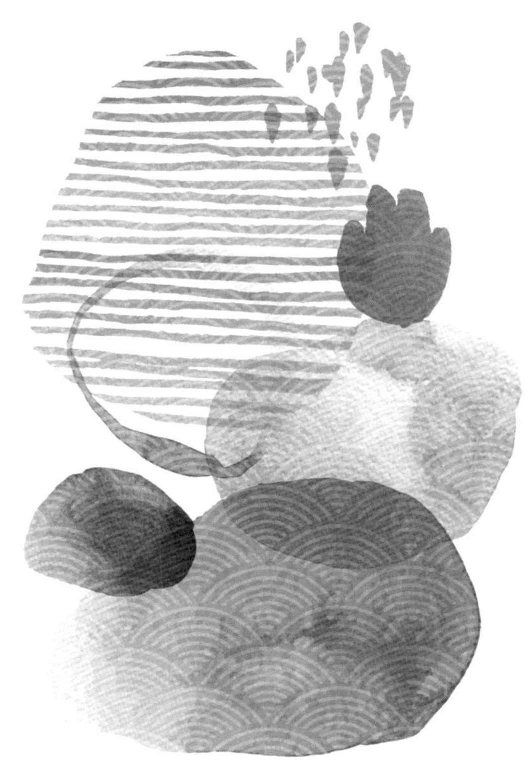

책나무출판사

| 목차 |

제1장

제2장

제3장

| 시인의 말 |

길을 가다 보면
나뭇가지에 앉아 우는 새의 소리가
걸음을 멈추게 한다

무언가를 이야기하듯
요란하게 날개를 퍼덕거려도
나는 알아들을 수가 없다

아침에는 그릇을 닦다가
서로 부딪혀 쨍그랑 소리에 금이 갔다
미안했다
그릇도 심장이 있을 텐데

이 모든 소리 내가 풀어야 할
수수께끼이다

· 제 1 장 ·

긴 장마

하늘이 뚫린 듯 쏟아지는 폭우
속수무책 댐의 수위는
차오르고
땅은 어리둥절한 표정이다

도로 공영주차장에 주차할 때만
해도
방긋 웃던 햇살
진료를 마치고 나오자
장대비의 공격이다

병원 입구에 모인 사람들
마스크로 입을 가린 채
발목이 묶이고

나는 우산도 없이 퍼붓는
빗속으로 뛰어간다
젖는 만큼 걸음이 빨라지고
마음까지 흠뻑 젖는다

연일 내리는 장맛비와
천둥소리는
메아리일까,
지구도 아프면 이렇게 소리를
지른다

목련

이름값을 해요

그 아름다움에
우주 한 모퉁이가 환해요

나뭇가지 끝,
한 송이 한 송이 꽂혀있어요

금세 벗어버릴
사월의 흰 셔츠가 눈부셔요

강가의 봄

기억 저편
강물에 흘려보낸
파편 같은 아픔들이 떠오르고
기다림은 늘
아릿하게 피어난다

만날 수 없는 네 곁으로
봄 한 장 띄운다

이별을 묻어둔 강 언덕
그때 그 봄이 오고 있다

터널

함부로 뚫어버린 산의 심장
저 구멍을 통과해야 하기에 페달을 밟는다

호랑이 입 같은 어둠의 아가리
꿀꺽 삼켜버릴 것만 같은 불길한 예감
어둠이 길게 누워있다

숨이 막힐 듯한 터널의 긴 내장 속에
매캐한 냄새가 나고
밀려오는 공포심을 떨치며
시속 70km의 제한속도를 지키며 달린다

점점 가까워지는 밝은 손짓
흰 구름 사이로 날아오르는
작은 새 떼의 날개가 푸르다

나를 소화하지 못하고 토해낸 터널은
아무 일 없었다는 듯
쓱쓱 입을 닦는다

터널을 빠져나와

또다시 브레이크를 밟고

액셀을 밟는다

꽃돌

동해 바닷길을 거닐던 그대와
작은 돌을 주워
출렁이는 물결 위에 한 송이 두 송이
물수제비 꽃을 피웠지요

그대는 떠나가고
저 푸른 물결 속에 남아 있는 꽃돌을
찾고 싶어요

갈매기 울음이 머리 위로 떨어져요

다정한 목소리가 귓가에 스며드네요
지느러미와 꼬리가 없는 나를
파도가 밀려와 위로해요

추억은 물거품 같은 것이라고

밤비

이 밤
그리움이 창문을 두드린다
기다림은 늘
아픈 조각배를 타고 오지

쏟아지는 빗방울 소리가
제각각 다르듯이
누군가의 가슴에 맺힌 슬픔도
저 빗물처럼
시린 눈물이 되어
흘러내리겠지

울어라 천둥비야
하늘에 새겨진 그 이름은
천 번을 불러도
그저 대답 없는 빈 허공뿐이지

수박풀꽃

어느 날
가슴에 하얀 꽃 한 송이 피었다
꺾고 싶어도
꺾지 못할 꽃이다

입가에 머문
상큼한 그 미소는
나비처럼 나폴나폴 춤을 추게 한다

조금 더 가까이 다가가고 싶지만
수박 풀꽃처럼
금세 지고 말 것 같아

오늘도 담담한
그 향기를 외면한다
예쁜 꽃이라도…

먹구름

저 넓고 훤한 하늘도
근심이 있는지도 몰라

답답하고 울고 싶을 때
먹구름을 풀어

한바탕 후련히 울고 나면

햇살이 보송보송
하늘이 맑은 것도 그 때문일 거야

담쟁이

싸늘한 바람에 흔들리는
담쟁이의 붉은 잎 하나
서서히 가을이 온다는 거지

세상 밖으로 날아오르는
새들의 날개는 분명
목적지가 있다는 것인데
담벼락에 묶여있네

하지만
차디찬 돌벽이 그들에게 안식처이지
서로 얽히고 조이는 힘이 없었다면
담을 타고 오를 수 없지

담쟁이들은 기댈 곳이 있어
봄이 오면 수많은 덩굴손이 태어나지

기댈 곳이 없는 사람들은
길을 붙잡고 살아가네

애련(哀戀)

구슬 같은 빗방울이
눈물처럼 내리다가 그쳤다

산안개 속으로 그리움을 헤집고
능선 위에 올랐다
이끼 낀 초록 숲의 향기는 변하지 않을
어릴 적 추억의 향기다

저 건너편에 보이는
훌쩍이는 강물이 나를 시리게 바라본다
오늘도 그리운
그 미련 때문인가,

구름 사이로 내민 햇살을 품은
산새 한 마리가
너의 이름을 털어낸다

복숭아

바라보는 눈에 단물이 듭니다

흰 복사꽃 진 자리에 열매가
발그레하니 향기롭습니다

딱딱한 나뭇가지에 앉았던
해와 달이 알을 슬었나 봅니다

복숭아뼈 같은 단단한 씨
하나가
복숭아를 붙잡고 있듯이

저 과수원 식구들을
복숭아나무들이 붙잡고
있습니다

불꽃

꽃길 따라 나비가 되어 나는 것인지
흰 구름 사잇길로
백마를 타고 가시는지

입가에 머문
그 미소가 그리도
편안할 수가 없었습니다

입관을 마치고
불꽃 속에 드신 어머니
마지막 흔적은
한 줌 재로 남았습니다

자식의 불효까지
활활 태워 거두시고
그렇게 고요히 가셨습니다

파란 찻잔 속의 백합

할 말이 많다는 듯
입술을 오므렸다 펴는
저 소리에 귀 기울이지 않으면
쨍그랑 금이 갈 것만 같다

주위에는 온통 파란 냉기가 싸늘하다

서로 잡았던 따뜻한 손길
언제부터 한마음이 비뚤어졌는지
사랑이 식어버린 눈빛으로 서로 겨누어
보는데
백합 한 송이 활짝 피어 웃고 있다
꽃이 피었는데도 미처 알지 못했다

이대로는 이별이 아니었다
우리는 손가락을 걸고
천천히 이별하기로 한다
찻잔의 따뜻한 물방울이 보글거린다

이별도 뜨거운 사랑이 되는
영원히 지지 않는 백합 한 송이처럼

라벤더 향기

코로나19로 인한 세상은
어지러워도
강원도 고성의 꽃대마을길 뜨락엔
라벤더꽃이 무성하게 피었다

가고 오는 발걸음들
향기에 취해
꽃길을 거니는 평화로운 이곳

새들의 청아한 노랫소리
햇살에 흩어지는 라벤더 향기에
두려움도 구름처럼 흘려보내는 시간

라벤더꽃이 피는
이곳은 축복의 땅

시끄러운 세상은
머나먼 나라의 이야기다

진달래꽃

핏빛으로 물든 진달래가
흐드러지게 피었다

흰 저고리 검정 치마 한 벌로 토해낸
대한민국 만세!
유관순의 외침도
저렇게 붉었을까

진달래꽃 한가득 따다가
한 땀 한 땀
분홍치마 저고리 지어 드리고 싶은데
그녀는 보이지 않는다

산들바람에 흔들리는 3월 진달래꽃
심장처럼 뜨겁다

빗방울 소리

비가 내리는 날이면
온천지가 눈물바다예요
밀려오는 그리움도 울고
가슴속에 맺힌 슬픔도 우니까요

내리는 빗물은
나를 가만두지 않아요
꾹 참을 수도 없어요
몸부림치며 우는 나뭇잎과
풀잎도 보았어요

먹구름이 밀려오고 장대비가
쏟아질 때
하늘을 가릴 수 있는 아주 넓은
우산이 있었으면 좋겠어요

빗방울 소리는
세상에서 가장 슬픈
허공의 목소리예요

가을이 아름다울 때

작은 숲속 오솔길에 들려오는
이름 모를 산새 소리가
나뭇잎 붉게 꽃을 피워요

가을빛으로 곱게 물든
노랗고 빨간 잎새를 한 잎 두 잎
따다가
책갈피에 끼워 넣고

하얀 첫눈이 내리는 날

이루지 못한
천년의 그 사랑을 수놓아
그대에게 띄울 거예요

가을의 선물 단풍잎은 빛나는
보석보다 더
아름다울 테니까요

동그라미

안과 밖이 같은
텅 빈 동그라미
욕심을 비우면 원이 되지

동그란 해와 달도
품 안의 빛을 지상에 내려놓지

다 비우고 산등성이를 넘어가면
오늘이 저물고
영롱한 황금빛으로 또다시
내일이 떠오르지

마음을 텅 비우고
둥글둥글 어울려 살다 보면

새털같이 가볍게 날아올라

저 하늘 꽃길을 함께
걸을 수 있겠지

고사리의 유혹

넓은 산야
어쩌다 눈에 띄면 반가운 고사리

머리는 곱슬곱슬
날씬한 몸매의 긴 다리

아직 어린 순이다

통통한 몸
말린 잎을 펼치면
고사리의 매력은 사라진다

산을 헤매고 다니던 발길들
때를 놓치지 않으려고
햇봄의 모가지를 꺾는다

쇠어버린 늙은 고사리

이제 아무도 돌아보지 않는다

꽃

저토록 뜨거운 가슴에 품은
붉은 욕망(欲望)이라는 것을
아무도 모른다

그저 바라볼 뿐,
달콤한 저 입술의 속삭임을
누구도 듣지 못한다

향기를 풍기는 아름다운 꽃인 줄만 알지

한번 피었다가 지고 마는
꽃의 일생

파랑새야
흔들리는 저 천상의 몸짓에
귀 기울여주지 않으련

모란이 피면

하늘을 품은 태양은 황제(皇帝)

皇帝의 사랑을 독차지하기 위해
한 송이 모란꽃으로 피어난
저 후궁들

아직도 시기 질투 속에
피 터지게 싸우고 있다
붉은 해와 아름다운 꽃도 잠시
피었다가
금세 지고 말 것을

당대의 황실에 과거 모습을
생생히 기록되어 후손에게
남아있으니
영원히 역사는 바뀌지 않는다

사람은 죽어서 이름을 남기고
꽃은 지고 나면 향기를 남기듯이

봄의 온기

봄의 향기가
살갗에 스며들면
하얀 목련 꽃잎처럼 촉촉해진다

보드라운 햇살에
나비처럼 가벼워진 옷깃과
새들 지저귐 소리에 깨어난

겨우내 움츠렸던 앙상한 나뭇가지와
줄기마다
초록 싹을 틔우고
꽃봉오리를 피워 올리지만

길가에 핀
ㅅ인 꽃도 아름답고 화사하다
꽃 피는 봄이 오면

석류

이별 이후
뒤안길 돌아갈 때
빼꼼히 고개 내밀던 석류나무

초록 나뭇가지에
참새들이 호록호록 날아들 때
그리움은 알알이 커져만 갔지

쏟아지는 빗소리에
귀 기울이다 지쳐 잠이 들면
화려한 꽃은 지고
어느덧 붉은 열매가 익어
가슴팍이 벌어져도

떠난 사람은 돌아오지 않았다

가을은 다시 찾아와
보석처럼 빛나는데

소나기

매의 눈 같은 하늘이 바라보는
이 땅에
씻어낼 것이 많아 구석구석 닦아내는
것인지

빗방울마다
분명 무언가 전하려고 내려오는 것
같은데
귀를 쫑긋 세워도 알아들을 수가
없다

연일 내리는 비에
꽃들이 춥다고 오소소 떨고 있다

유리창에 맺힌 빗물
말없이 주르르 흘러내리고

비가 내리는 날이면
온통 빗소리뿐

시끄럽던 세상은 왜 이리 조용한지

· 제 2 장 ·

달빛

해가 지고 어둑해지면
집 안에는 크고 작은 달이 뜬다

보석이 쏟아질 듯 주렁주렁 매달린
거실에 크리스털 달이 뜨고
주방에 달은
식구들이 식탁에 모이면 둥글게 뜬다

안방의 달은
붉은 장미꽃이 피어나는 은은한 달이고
문갑 위에도 작은 달이 뜬다

밤이 되면 온 동네는
높고 낮은 곳에
찬란한 무지갯빛 조명 달이 뜬다

오늘 밤 하늘에서도
집 밖에서도
집 안에서도 각양각색 달이 뜬다

동백 아가씨

동백 꽃송이에 흘러나오는
이미자의 동백 아가씨
어머니가 습관처럼 부르던 노래였다

밭일을 나갈 때마다
라디오를 챙겨 가시던 어머니
호미질을 하다가도
흥얼흥얼 노래를 따라부를 때
어머니의 흰 머릿수건 위에는
시원한 구름이 앉아 일렁이는 것만 같았다

고달픈 삶을 위로하던 그 노래
동백 아가씨는 떠나고 없지만
붉은 꽃송이에는 아직도
어머니의 시린 노래가 들려오고 있다

비석

해가 바뀌어도
어머니는 변함없이 늘 그 자리에서
나를 기다린다

머나먼 타향에서 나는
저 하늘 밀려가는 구름에 가끔 안부를 묻고

붉게 핀 영산홍 꽃잎이 바람에 흩날리어
뚝뚝
눈물 되어 떨어지는 봄날

오늘도 이름 모를 새들이 호록호록
비석에 앉아
어머니를 위로하고 있을 것이다

도마 소리

탁탁탁
도마의 목소리가 사라진 지 오래

이른 아침
붉은 해를 썰고 이슬을 끓이던
도마 소리에
내 하품과 귀를 막은 적도 있었지

오늘은 어머니 손맛이 그리운 날

소리가 멈춰버린
저 도마에는
어머니의 사랑과 따뜻한 손길이 담겨있다

어머니가 그리운 날
칼 하나로
도마의 목소리를 불러낸다

배꽃

배꽃은 어머니의 미소다

얼굴을 어루만지듯
머리를 쓸어내리듯
포근한 산들바람이 어머니 손길처럼
부드럽게 스쳐 간다

생전에 꽃을 좋아하신 어머니
배꽃이 떨어진 과수원 밭에는
초록 열매가 조롱조롱 열려있다

병상에 잠깐 누워계실 때
샤워기에 쏟아지는 물꽃으로
어머니를 목욕 시켜 드릴 때마다
어머니는 배꽃 같은 미소로 화답을 하셨다

어머니가 머문 자리에는
향긋한 비누향기와 꽃이 있었다

지금도 어머니 곁에는
영영 지지 않는 꽃이 활짝 미소 짓고 있다

아버지의 구름 담배

중환자실 침대 위 아버지
오늘도 보챕니다
담배 한 대 다오!

아버지는
병실 하얀 천장은 벌집이라며
저 숭숭 난 구멍 속에 벌들이 숨어있으니
담배 연기로 쫓아내야 한다고 조릅니다

팔다리가 묶인 아버지
의사와 간호사는
나쁜 며느리가 되고
나쁜 아들이 되기도 합니다
저 몹쓸 자식놈들이 이상한 곳에
나를 버려둔 채 집에도 데려가지 않는다고
호통을 칩니다

정신을 잃었다가 다시 깨어나면
여전히 또 담배를 찾습니다

병실 환자들의 하얀 이불은 척척
쌓아놓은 담배인 줄 압니다
저 많은 담배 왜 한 대도 안 주냐고
야속한 표정을 짓습니다

교통사고가 난 아버지
낯선 모습들
잃어버린 지난날의 그 기억 속으로
다시는 돌아올 수 없지만

저 맑은 하늘에 흘러가는
흰 구름은 아버지의 한 맺힌 담배 연기인 줄도
모르겠습니다

문상

막걸리와 개그를 좋아했던 이모부
영정 사진 앞에서
지난날의 그 개그가 갑자기 밀려왔다

웃음이 날 가만두지 않을 것만 같아
애써 슬픈 생각만 해야 했다

청주 작은 시골 마을
마지막 조문객 앞에서 웃음이 차올라
다람쥐가 도토리를 입에 가득 물고 도망가듯
마을 회관으로 들어가
손으로 입을 막고 웃고 말았다

빨리 나가야 하는데
밖에 나갈 수가 없었다
이모부가 천국에 가서도 분명
개그를 하는 것이다

까치 소리가 아름다운 날

이모부는 눈물 대신 웃음이라는

마지막 선물을 주고 가셨다

별의 눈물

두 번째 떨어지는 별똥별에게
난 소원을 빌지 않았다
가장 소중한 그 무엇 하나를 앗아간다고

촘촘히 박힌 수많은 별 중
찰나에 지는 유성은 별의 눈물일지도 모른다

흐린 하늘에 걸린 신호등 불빛,
빨간 불이 졸고 있는 사이
파란 불은 깨어있다

한 모금의 담배 연기에 모든 것을 지우려 하는
당신

철심이 박힌 두 발을 싸맨 붕대를 풀고
솜을 뜯는 아버지의 피범벅이 된 손가락
초점을 잃은 두 눈으로
"고구마 삶아 놨으니 먹어요"
그 말이 너무 미웠다

밤낮으로 시간 다툼하는 아버지
꿈속까지 뛰어 들어가 잃어버린 정신을
찾아오고 싶었다

아버지의 소란을 침대에 묶고 잠재우는
주사약들
소독약으로 가득한 병실은
잠깐 평화롭게 잠이 들고

달빛 아래 빛나는
성모 마리아상이 숙연해진다

탱자 열매

햇살이 익어가는 가을
감나무에 매달린 벌집을 긴 막대기로
툭툭 건드리던 동생

화가 난 벌 사정없이 쏘아댔다
밭일을 하시던 어머니는
한걸음에 달려와
흰 수건을 휘둘러 벌을 쫓았고

집 울타리에 열린 탱자를 따서
붉게 부은 얼굴과
손에 발라주셨다

한때는 노란 열매가 돈이 되었지만
빈집을 품고 서 있는 탱자나무

동생의 울음이 저 탱자나무에 아직도
걸려있다

가을 길목에서

하늘에 떠 있는 빛바랜 추억 한 송이
구름에 실려
천천히 흘러간다

햇살에 익어가는
가을 들녘은
아버지의 품처럼 넓고도
아늑하다

기억의 갈피에
아버지의 너털웃음 한 장
끼워 넣고

미나리 향기

서울에서 온 아지매
큰 눈과 이슬만 먹을 것 같은 앵두 입술은
영화배우 같았다

그날은 바람기가 조금 있는 아재가
참 멋져 보였다
장미꽃 같은 아지매를
두 번째 여자로 맞아들였으니

꽃무늬 치맛자락 살랑거리며
미나리꽝으로 걸어가는 아지매
미나리를 자르더니
큰 대접에 미나리와 밥과 고추장을 넣고
쓱쓱 비볐다
자그마한 입에 한가득 넣고
오물오물 씹는 모습에 나는 깜짝 놀랐다

예쁜 사람도 이슬만 먹는 게 아니었다
매운 비빔밥도 먹고 트림도 했다

동네 마트 진열대

그때 그 미나리가 향기를 풍기고 있다

고양이가 우는 밤

꼭 아기 울음소리다

창문 넘어 고양이 우는 소리에 빗줄기는
슬픔이 더 무르익었다
마트에 사는 새끼 잃은 그 어미
고양이가 아닐까

창문을 열고 보니
비에 젖은 소리가 집안으로 들이친다

사람의 손을 탄 새끼를 찾는 것인지
아니면 고양이의 본래의 습성인지
울분을 토하는 저 시린 소리

왠지 불안하다
누군가 참지 못하고 몽둥이를 들고
뛰쳐나올 것만 같다
제발 어디론가 가버렸으면 했는데
며칠째 저 자리에서만 울고 있다

무슨 말을 전하려고 창 가까이 와서
우는 건 아닐까
하지만 나는 알아들을 수가 없다
슬프다는 것 외에는

노란 나비

도로 위에 새끼 고양이
무지개다리를 건너 누워있다

피가 고인 도로
초점을 잃은 듯이 차들이 달리고
냄새를 맡고 달려든
파리 몇 마리와 개미 떼

나는 차 안에서 신문지를 꺼내어
고양이에 붙은 개미와 파리를 쫓고
꼭꼭 싸맸다

고양이를 들고 도로 옆 산으로 올랐다
나무 막대기를 주워
소나무 아래에 구덩이를 깊게 팔수록
흙냄새가 향기로웠다

구덩이에 고양이를 넣는 순간
울컥 눈물이 났지만,

다독이듯 짧은 생을 묻고
솔잎과 낙엽으로 덮어주었다

산길을 내려오는데
노란 나비 한 마리가 눈앞에서
나폴나폴 날아다녔다

처음 보는 노란 나비였다
아마도 새끼 고양이의 영혼이 아니었을까

나비는 이내 사라지고 말았다

병아리

병아리만 보면 미안하다
조카가 하굣길에서
이백 원을 주고 사 온 노란 병아리

어미를 찾는지
거실을 돌아다니며 서럽게 울었다
그 모습이 안쓰러워
쌀과 물을 먹이고 달래주었다

밤이 오니 더 심하게 울었다
나는 작은 상자에 병아리를 담아서
방 피아노 의자 아래 두고
잠이 들었다

아침에 일어나보니
병아리 소리가 들리지 않았다
밤새 상자 안에서 나온 병아리를
잠을 자다가 그만 뭉개버려서
납작하게 죽어 있었다

지금도 병아리만 보면
조카한테도 미안하고
그때 그 일이 생각나서 눈시울이 젖지만,
치킨은 잘 먹는다

여인의 기도

대청댐
오솔길을 걷고 있는데
언덕 아래 한 여인이 강물 위에 분홍색
연등을 띄우고 있다

서산에 걸린 해는 무엇이 궁금했는지
걸음을 멈추고
빛나는 연등은
곧 심청이가 꽃잎을 열고 나올 것만 같은데

여인의 낮은 목소리가 궁금해
언덕 아래로 내려가 안부라도 묻듯
강물에 손을 헹구며 여인에게 말을 붙인다

가족을 위해 음력 초하루마다 기도를
한다고 했다

물결 위에 핀 연등은
연분홍 치마저고리를 입은

어머니의 옛 모습 같기도 하고
어둑해진 강물 위에 밀려가는 애절한
여인의 기도에
눈시울이 젖어오고

아기 천사

담장 너머 이웃에
아기 천사가 태어났어요

달님과 해님이 귀 기울여도 울음소리가
들리지 않아요
호랑이보다 무서운 코로나19 때문에
아빠랑 엄마가 아기를 꼭꼭 숨겨놓았나 봐요

오늘은 예수님이 태어난 날

징글벨 소리도 들리지 않고
교회 종소리도 들리지 않아요

산타할아버지도 루돌프 사슴도
어디에 숨었을까요

이별 이후

강물은 변함없이 흐른다

이룰 수 없는 사랑처럼
밀려오는 물결은 어디론가
흘러가고

그날의 약속도
무심히 흘러가버렸다

길 잃은 새 한 마리
노을을 향해 날아오를 때
돌아선 너의 뒷모습처럼
요동치는 강물

오늘도 강 언덕을 거닌다

언덕 네 잎 클로버는
여전히 무성한데

그 이름 석 자

노을이 물들어 버린
주홍빛 들녘에
잊지 못할 그 이름 한 잎
떨어진 낙엽에 그리움 수를 놓는다

낙타 등처럼 굴곡진
산 능선에 채 떠나지 못해
멈춰버린 뭉게구름 한 점으로
그대 그리움 담아 넌지시 후 불어 띄어준다

그 이름 석 자
가슴에 새겨져 사라지지 않는데도
영원히 돌아오지 않을
그대이기에

저 붉게 노을 진 하늘에
추억 한 장 띄우고 이별 노래 불러본다

그대 그리운 사랑은

언제까지나 가슴에 곱게 물들어
아름답게 빛나기를…

아궁이의 초상(肖像)

초가지붕 위의 해가 저물어갈 때
어머니는 동백꽃 수놓아진
행주치마를 두르시고
가마솥에 밥을 지으려 아궁이에
불을 지피셨다

뒤란길 굴뚝에선 하얀 연기가
몽실몽실 피어오르고
황토 방은 쩔쩔 끓어서 좋았다

언제나 어머니라는 강한 이름으로
한결같이 바쁘시던
그 따뜻한 손길

달빛 드리워진 호롱불 아래에
늘 바느질 하시며 햇살 같은 미소만
지으시곤 했다

· 제 3 장 ·

신발의 삶

역마살이 끼었어요
늘 가만히 있지를 못해요
동서남북 가고 싶은 곳은 어디든지
걸어가지요
늘 떠날 준비가 되어 있어요

신발은
뜨거운 아스팔트 위에서도 잘 견디고
시린 눈밭에서도 잘 참지만
조금만 관심을 두지 않으면
저만치 달아나고 말아요

어떤 날은 나를 다 포기한 듯
누워있을 때는
가슴이 답답해요

당장 새것으로 바꿀 수도
버릴 수도 없어
토닥토닥 수선집으로 데려가서 달래주지요

내 두 발을 위해서라면

습작의 밤

텅 빈 허공을 지키는 달
창문으로 달빛이 넘어온다

빈 종이에 달빛을 담는다
쓰다 만 시를 담아 둔다

너와 나 앞다투어 쓰는 시
세상으로 나간 내 시는 달리지도 못하고
그만 쓰러지고 말겠지

저만치 줄행랑치는 생각들
무엇으로 묶어둘까

A4 용지는 늘 배가 고프다

이제 (슬픈 시는) 붙잡지 않기로 했다
스스로 찾아올 때까지

마스크

마스크를 두고 급하게 나온 나의 입술이
파르르 떨고 있다

당당하게 봄을 마시고 서 있는
행복한 마을 개나리

미세먼지와 코로나19도 두렵지 않다고
일제히 마스크를 벗어 던진 봄

눈부신 노란 입술들
울타리가 온통 황금빛으로 물들었다

송어회

물의 표면 위에 떨어지는
치열한 몸부림
죽을힘을 다해도 뜰채를 피해 갈 수 없어요

퍼덕거리다 마지막 운명에 처하면
그렁이는 눈망울로
심판대에 올라요

거무스레한 붉은 살
벌써 고소한 맛을 느끼고 있어요
하얀 접시 위에 감정 없는
꽃이 피어나요

쉼 없이 뻐끔대는 저 입은
분명 말을 하는데
소리가 들리지 않아요

무슨 말도
사람의 귀로는 들을 수 없어요

죄책감도 없이

씹을수록 감칠맛 나는 송이 향

그 맛에 취해

이삿날

베란다에 쪼그려 앉아 청소하는
먼저 온 중년의 여인

직업상 나이는 비밀이라는데
청소에 이력이 난 손놀림이 노련하다

청소 일을 많이 하다 보니
약품과 세제 냄새로 위와 폐가 망가졌다며
몇 마디 던진 말과
어깨 너머 보이는 창백한 얼굴은
깊게 팬 주름살보다 더 시리다

일찍 서둘러 오느라
아침 식사도 거르고 왔는지 주방 한쪽에서
보온병에 싸 온 흰죽을 먹고 있었다

저 순한 흰죽으로 속을 달래고
여자는 또 그 독한 냄새를 마실 것이다

봄비가 그친 오후
청소를 마친 집 안은 지미추 향기가 피어났지만,

그 흰죽을 떠먹던 여자는 슬픈 눈빛을
말간 창문에 걸어두고 갔다

냉장고 그녀

우리 집에서 그녀가 제일 키가 커요
품도 넓어서
이것저것 다 받아안지요

한집에 사는 또 다른 여자는
스트레스를 받으면
문을 열고 폭식을 해요

가끔 이슬에 취해 해롱거리다
애교를 부리기도 하고
또 마음에 들지 않으면
시베리아 북극곰으로 변하기도 해요

그녀는 깊은 모성애도 있어요
맛난 김치찌개와 된장찌개도 끓여 주고
싱싱한 과일도 흰 접시에 핀 꽃처럼
가지런히 담아줘요

그녀가 있어 여자는

사계절 내내 외롭지 않아요
체온이 다르지만
서로 잘 알기에 비밀 따윈 숨기지 않아요
여자의 마음을 잘 다스리는
엄마 같기도 해요

장미꽃

언젠가 무대 위에서
축하 메시지와 함께
장미 한 송이를 받은 적이 있다

어떤 이는
무대 바닥에 떨어지도록
품 안에 가득 꽃다발을 안고 있었다

그날 이후로 나는
붉은 장미꽃이 낯설어지기 시작했다

오월이 돌아오면
나에게 온 그 한 송이 장미꽃을 생각한다
적지만
큰 선물을…

단짝

아래윗집 사는 단짝
학교에서 돌아오면 책가방을
집어던지고
잠실의 크고 작은 누에를 골라
숫자를 세곤 했지요

누에가 뽕잎 갉아 먹는 소리는
꼭 보슬비 오는 소리 같았습니다

학교 가는 길목
잘 익은 대추를 따서 툭 던지면
빙그레 웃던 단짝
키 작은 까만 인디언 소년 같던

지금은 우리은행 키 큰 부장이 되어
낯설고 조심스럽지만

우리는 붉은 노을에
추억하나 꾹 찍어 놓았습니다

작은 부처님

종종 가는 성곡사
온 산야가 넓은 도량이다

옥같이 맑은 하늘에
흰 구름 학같이 날아간다

능선을 휘돌아 오는
솔바람에 수많은 작은 종들이 우르르
가지각색의 화음을 이룬다

미처 보지 못한
숨바꼭질하듯 숨어 있는 작은 부처님
언제부터 이곳을 지키고 있었을까

내세우기 좋아하는 마음을 비우라고
넌지시 미소 짓는다

산새 소리가 청량하다

크리넥스

무엇이든 닦아줄 준비가 되어있어

괴롭고 서글픈 마음을 안아줄
차곡차곡 접힌
200장의 향기로운 위로

한 장씩 뽑아
가슴의 얼룩을 지우렴

처음이자 마지막인
짧은 대면
나는 그렇게 일회용이야

보드랍고 찢어지기 쉬운
연약한 몸이지만
내가 대신 젖어줄게

끝내 쓰레기로 버려질지라도

투명한 밤

지상에도 별이 떴습니다
고소공포증에 아슬아슬 스릴을 느끼기도 합니다
잡힐 듯 구름 한 장 유리창에 걸립니다
저 건너편에서 궁금해
공작새가 되어 허공을 날아가기도 하고요

마주 앉거나 서 있으면
촉감이 차가운 마네킹과도 같아요

오늘 밤
바닐라 향초에 불을 붙이고 와인을 따릅니다
콘크리트 바닥은 납작 엎드려 관심도 없어요

오므렸다 펴는 저 달의 입은
찢어져라 하품을 합니다
금성은 아직도 파랗게 빛나고 있는데

눈앞에 펼쳐진 미지의 세상 후 불어
날리고

막을 내린 불빛이 사라집니다
바닐라 향기가 자욱한 까만 세 시는
아직
잠들지 않았어요

기해년 가을비

돼지해인데
아프리카돼지열병으로
살처분 당한 돼지 떼
눈물 대신 가을비가 내린다

촉촉이 젖은 검은 도로 위에
씽씽 달리는 차들
두 눈을 부릅뜬 헤드라이트 불빛에
빗줄기가 뛰어든다

신호등 앞에 멈춰선 차들
와이퍼로 흐린 시야를 닦고 있다

온몸을 움츠린 스산한 거리
행인들 종종걸음이고

어디선가 들려오는 돼지울음들

비바람을 앞세우고

불길한 기운이 몰려오고 있다

끼

마음이 울적할 때마다 가는 그곳에는
상호(商號)처럼 끼가 넘친다

키 큰 모델같이 바싹 마른 단골 그녀는
지체할 수 없는 끼 때문인가
매번 옷을 갈아입고 패션쇼를 하고 있다

여기는 금남의 집 남편도 금지 구역이다

오늘은 어떤 옷으로 스트레스를 풀까
하지만 살짝 오른 뱃살 때문에
시선을 피해도 몰려오는 눈길

몇몇 자영업을 한다는 아줌마들
차 한 잔을 나누며 시끄러운 수다에
가게가 들썩인다
주인은 눈을 흘깃하면서도 돈줄이니
입가에 미소를 짓고

30% 할인한 롱스커트를 쇼핑백에
담아주는 주인
살랑거리는 그 애교에 또 지갑이 열렸다

문을 열고 나오는 순간 후회스러운
끼가 걸려있는 거기

집착

감나무에 까치가 앉아 울던 날
빨간 운동화 선물을 받았지
새 신을 신고 마당에 발자국을 남기면
흙 꽃이 피어오르고

혹시나 닳을까
손에 꼭 쥔 채 걷기도 했지

그러던 어느 날
아침 봉당에 있어야 할
운동화가 사라져 가슴이 쿵 내려앉았지
뒤란으로 끌려간 운동화
복실이 똥강아지가 밤새 물고 뜯어놓아서
해가 지도록 눈이 부었지

지금도 낡은 구두를 쉽게 버리지
못하는 것은 집착일까,

한 평 구두 병원으로

달랑달랑 신발을 들고 가면
“웬만하면 보내주세요 신발이 가고 싶어 하네요”
구두 의사는 그렇게
망치 소리와 투박한 바늘로
꾹꾹 찌르지만

상처 난 곳을 성형하면
다시 내 발을 꼬옥 안아주는 신발
더없이 편안하지

춤추는 pen

바람의 빛과 색깔이 없듯
무녀(巫女)가 날카로운 작두 위에서
맨발로 뛰는 것은
신(神)이 있기 때문일까,

깜빡이는 눈과 혼미한 정신인데도
넘어지지 않는 pen은
나의 잠을 삼키고 밤새 백지 위에 글을
토해낸다

그렇다 pen도 신(神)이 있는 것이다

사색의 마음을 매료시키거나
TV에서 흘러나오는 자막과
허공에 떠 있는 무지갯빛 그림자도
마술을 부릴 수 있다

나를 시인으로 만들어 놓은 것도
pen이었다

이제 나를 춤추게 하는 시는

나의 신이다

중년의 남자

세월에 무르익은 향기로
양복이 아닌 티셔츠와 청바지가
어울리는 남자

이 험한 세상 다 건너와
담담하게 핀 주름과 백발이 훈장이다

하지만 소년 같은 순수한 눈동자
모성을 부추기는 묘한 마력(魔力)이 있다

별을 따다가 요리도 잘해줄 너털웃음으로
마음을 매료시키는
오늘도 덤덤한 어깨 위에 구름 한 송이 얹고
걸어가는

튀어나온 배는
호랑이와 씨름을 해도
이길 기세

저 모습은

영락없는 중년의 남자다

목욕탕

사십오 평
온탕과 냉탕이 옥빛으로 물들었다

코로나19 때문인가
비누 향기만 가득 안고 침묵만 지키는 목욕탕
옆 사람과 인사 나누며
등 밀어주던 그때는 이제 없다
미소 지으며 요란하게 반기던 주인은
태산 같은 걱정에 말수도 줄었다

덜커덩 문이 열리는 소리
낯선 빨간 비키니 차림의 중년 세신사
요즘은 지난 IMF보다 힘들다며
허탈한 웃음을 짓는다
쏟아지는 물소리에도 수심이 넘친다

때를 밀어주는 익숙한 아줌마의 손놀림
시골 같은 이런 곳에도
명품 피부가 숨어 있었네

슬쩍 던지는 격려의 말

오랫동안 자리를 지키던 동네 목욕탕
머지않아 사라질까 불안한 마음 추스른다

폐교

신입생이 없는 시골 초등학교
정문 옆 화단에는 푸른 소나무 한 그루
선생님처럼 우뚝 서 있고
윤자 정미 미연이 같은
백일홍, 맨드라미, 금잔화
활짝 웃고 있다

바람에 흩날리는 종소리가
위로라도 하듯이
빈 운동장을 가득 채워주고
소년 동상은 지킴이가 되어 서 있다

텅 빈 교실
작은 의자와 책상 위에 깊게 파인
중간선 하나
이편과 저편을 나누며
서로의 짝이 되었을 아이들

분필 먼지도 어디론가 흩어지고

교실 한쪽을 지키는 풍금을 쳐보니
동요 소리가 들려온다

유리창에 뜬 흰 구름처럼
아이들은 어디로 흘러갔을까

폐교의 오후가 적막하다

평양 만두

만두 하면 빠질 수 없는 것도
두부이지
허기질 때 더 생각나는 것은
보름달 같은
둥근 평양 만두

그리움으로 속이 꽉꽉 찬
슬픈 만두

김이 모락모락 오른 만두 한 개
덥석 집어서
속이 탄 검은 간장에 꾹 찍어
입에 넣으면 금세 사라질

이 운명 같은 만두처럼
소풍 온 인생길도 길면 길고
짧으면 짧을 수도 있거늘

왜 그리도 닿을 수 없는 거리에서

서로 바라보며 눈물만 흘려야 하는지

버젓이 평양 만두는 남한으로 내려와
터를 잡고
보란 듯이 살고 있는데

붉은 십자가

늦은 밤, 옥상에 오르면
맞은편 교회 붉은 십자가가 불빛을 밝히고 있다
훈훈한 바람에 봉숭아 꽃잎이 흔들거리고
어두운 하늘에는 작은 별들이 군데군데 떠 있다
불빛이 사라진 들쑥날쑥한 건물 사이
거리에는 적막함이 흐른다

늦은 시간 옥상 평상은 쉼터이다
십자가 붉은 빛을 바라보고 있으면
울적한 마음이 금세 사라지곤 한다

십자가는 옆으로 돌아서지도 않고
돌아앉지도 않는다
글로 쓰지 못할 사연을
술술 풀어 놓아도 가슴을 열고
안아주는 것만 같다

눈물이 떨어지면 십자가의 불빛은 더
선명하게 빛난다

붉은 십자가는
밤새 몸을 달구며 그 누군가의 꿈길이 되고
아침 해가 떠오를 때까지
세상의 어둠을 지킬 것이다

복권 당첨

2021년 흰 소가
동네 복권판매점 두 곳에 복을 짊어지고 들어가
일등 당첨자가 두 명이 나왔다

그중 일등 당첨자 한 명은
집 앞 중국집 배달원으로 일했는데
한 달 월급도 받지 않고
손을 흔들며 떠났다고 한다

그 소식을 듣는 순간
가슴이 쿵쾅거리고 머리도 띵했다

당첨자가 나온 그 주일
금요일 밤 꿈속에 번쩍번쩍 번개 치는 꿈이
무서워서 도망 다니다가 깼다
토요일에 꼭 복권을 사야겠다고 생각했지만
깜빡 잊고 지나쳤다

어쩌면 들어온 복을

나는 바로 뻥 차버린 격일 수도 있다

그날 복권 당첨과 내가 인연이 되었다면
머리부터 발끝까지 성형도 하고
이태리 샤넬 명품 백도 사고
비싼 스포츠카도 구매해서
팔도강산 여행만 다녔을 것이다

이런 나를 하늘은 미리 알고 있었을까
머릿속에 꼭꼭 저장해 둔 복권 단어가
하루아침에 싹 사라진 것을 보면
혹시 재앙이 따를까 봐
하얗게 지워버렸는지도 모른다

하지만 번개 꿈 돼지꿈은 꾸지 않아도
미련이 남아서 주일에
복권 한 장 구입해서 위로를 삼고 있다
간절히 원하면 꿈은 이루어진다는
그 말을 기대하면서

무녀

며칠 전 지인의 소개로 전화 예약을 했다
나의 미래가 궁금했다

예약한 날
힘들게 찾아간 무녀의 집 입구에는
바싹 마른 대나무 빗자루가 섬뜩하게 서 있었다

대문을 밀고 들어서니
향냄새와 많은 이들이 줄지어 앉아있었다
흰옷을 입은 무녀의 얼굴은
독이 오른 뱀과 곰 같은 형상이었다

점상에는
종이와 검은 펜이 놓여 있고
일만 원과 오만 원이 수북이 쌓여 있었다

아침부터 기다리다가 서서히 지쳐갔지만
오후가 되어서야 순서가 돌아왔다
무녀 앞에 앉으니

묘한 기분이 들고 어떤 말을 들을 수 있을지
기대가 되었다

무녀는 무심히 나를 바라보더니
“동서남북을 꿰뚫어 보면서 여기에 경쟁하려
왔냐“
냅다 소리치며 봐주지 않겠다니 황당했다

온종일 기다린 시간이 아까워
이대로는 포기할 수 없어 버텼지만
낸 돈도 받지 못하고 밀려났다

무녀들은 제각각 지니고 있는 신들이 있다
선녀신 동자신 산신 할아버지신

무녀들 몸 안에 이 신들이 있다는 게
가능할까
신기한 목소리도 낸다
믿어야 할지 의심스럽다

무녀의 눈에는 내가 어떻게 보였을지
그게 더 궁금했다

양은 냄비

깔깔거리는 냄비 안
옛 친구들 수다가 들썩인다
동네 대형마트 입구부터
기대에 부푼 걸음이 빨라지고

신선한 채소코너
날씬한 대파가 미소 짓고
계란 같은 동그란 친구의 얼굴이
오늘은 왜 이리 그리운지

뜨거운 하늘에
구름 라면 하나 뽀글뽀글 끓고 있다

노란 양은 냄비
지난 시간이 보글보글 끓어오른다
추억으로 배가 부르다

장군(반려견)

구슬피 울어버린 눈물이
꽃비되어 내린다
심장에 솟구치는 슬픔과
숨이 막힐 듯한 그런 비가 온다

언제나 잊지 못해서
네가 있는 그곳에
매일같이 드나들던 내가
어쩌다 가지 못하는 날이면
너의 깜빡이던 눈동자와
코끝에 노을이 앉아 촉촉하게 빛나던
그 아린 모습들 떠올라
늘 눈물이 난다

오늘처럼 내리는 꽃비와
소나무에 앉아 우는 새의 시린 소리마저
네 무덤으로 떨어지는 아픔은
아직도 나는
너를 잊지 못했다는 (것)

고요히 잠든 너의 그리운 모습에
저 하늘을 바라보니
몽실되는 구름 한 조각이
꼬리를 흔들며
어디론가 흘러가고 있다

시의 맛을 보다

세종대왕께서 만든 글자

'백성을 가르치는 바른소리'
갈고 다듬어 문장을 만든다.
멋도 맛도 향기도 으뜸이다

고기는 씹는 맛이라지만
초콜릿처럼 달콤한 이 맛과 향은
단 한 사람의 솜씨
지구상 어디에도 없다

소녀 때
어머니가 다락방에 나란히 줄지어 놓은
홍시를 몰래 먹던 그 맛처럼
멈출 수도 없는 시어(詩語)의 조탁(彫琢)

시인의 힘겨운 땀방울이 맺힌
시어(詩語)의 조탁(彫琢)에
오늘도 사랑에 빠졌다

이 밤 시를 읽다 잠이 들면
꿈속에서 그 시인을 만날 수 있을까

창가에 기대어 졸고 있는 달
시계는 자정을 넘어가고
시와 함께 잠을 잊은 지 오래다

예지몽

비는 세차게 내리고
비에 젖은 강물은 흐느끼듯 울고
어둠이 점점 온 땅을 덮을 때
강 언덕으로 배에 검은 점이 많은
청거북들이 한 마리씩 다가와 절을 한다

여운이 가시지 않는 청거북이 꿈은
분명 무언가 전하고 싶은 눈빛이었다

일주일이 지난 뒤
다슬기 잡으러 가자는 친구의 전화에 강으로 갔다
강가에 크고 작은 청거북이 두 마리가
돌멩이 사이에 웅크리고 있는 것을 발견했다
큰 거북이는 양쪽 눈이 없는 상태고
배에는 거머리가 붙어 있었다
집으로 가져온 두 마리 거북이는 잘 먹고 잘 움직였다
매일 갈아주는 물에
흰 껍질 따위가 벗겨져서 고무다라에 떠 있고
청색은 더 선명해졌다

없는 눈에도 빨간 살이 오르기 시작했다

시간이 지나면서 기적처럼 한쪽 눈이 나왔다
또 며칠이 지났을까
다른 한쪽 눈마저 나와 있었다
새로 나온 눈은 맑고 초롱초롱했다
그 모습을 본 지인은 누군가 눈을 없애고
방생(放生)을 했을 거라고도 했다

건강이 좋아진 거북이 두 마리를 안고 강에 갔다
얕은 물에서 한참 재롱을 부리다가
깊은 물 속으로 들어갔다

자리를 뜨지 못한 나는
잔잔한 은빛 물결을 바라보고 있는데
마치 인사라도 전하듯
저 건너편으로 가면서 일곱 번 고개를 내밀더니
아주 사라지고 말았다

지금도 그 꿈을 풀지 못했지만
대청댐을 지나칠 때마다 거북이가 걱정이 되고
왠지 슬퍼지곤 한다

존재의 방식과 생의 깊이를 재는 진술

우영규(시인 · 문학평론가)

I

20세기 한국 현대시는 서정에서 현실의 길을 걸어왔고 한 세기를 넘어서면서 다시, 일컬어 신서정의 길을 걸어가고 있다. 서정에서 현실로의 길이 서정의 확장에 기여했다면 현실에서 서정의 길은 서정의 심화에 기여할 것이다. 이러한 현상에서 우리의 시는 더 단단히 굳어지고 확장보다는 시적 응축을 지향하는 것이 마리티네적 광기를 지우는 큰 힘이 될 수 있는 것이다. 모름지기 시는 구술성이 높거나 리듬을 가진 시는 자연스럽다. 시가 구술성을 회복한다는 것은 곧 언어의 본질적 기능의 회복이며 나아가 우주적 질서의 회복을 뜻한다. 복잡해질 대로 복잡해진 현대인의 도시적 삶에 콜라 같은 인공 음료보다 생수가 더 필요해진 오늘날 우리의 시도 인공 음료 같은 80년대 한때의 실험 시보다 생수 같은 순수 서정시가 오히려 더 전위적인 시가 될 수 있는 시대가 도래한 지도 모른다. 전위적인 순수 서정시는 현실적 긴장감과 건강한 부정 정신을 지니면서도, 고도의 상징성과 은유성이 자연스럽게 녹아있어야 할 것이다. 그런 서정시는 단순성을 지니면서도, 그 넘치는 생명력으로 인하여 깊은 감동으로 큰 울림을 주게 될 것이기 때문이다. 거기에 더하여 확장보다는 시적 응축을 지향한다면 금상첨화가 아닐까 싶다.

이런 맥락에서 볼 때 시를 쓴다는 것은 참 지난한 일임에는 틀림없다. 그것은 힘들고 어려운 삶을 살아가는 인간에 대한 이해와 성찰의 한 단면을, 그 진실을 언어를 통해 표현하고, 그 언어를 통해 독자와 함께 공감을 나누는 것이기 때문이다. 시인 프로스트의 말처럼 시는 가슴이 뭉클한 감동으로부터 시작되는 것이고 시적 감동은 기교가 아니라 진실에서 오는 것이라고 하지 않았던가. 그런가 하면, 과거의 전통적인 문학연구가나 작가에게서 시대환경에 무게중심이 놓여 있었다면, 오늘날에 있어서는 독자의 비중을 매우 강조하고 있다. 따라서 과거에 주목 되었던 '표현'과 '반영'이라는 문학의 키워드가 '소통'과 '치유'라는 키워드 중심으로 변화하고 있다. 시인의 입장에서 볼 때 창작은 억압된 정서의 질서화이거나 재구조화이며, 카타르시스를 통한 치유의 과정이기도 하다. 다시 말해 동일성의 상실과 회복이라는 갈등 과정에서 결국 자기 자신과의 화해와 소통을 위한 자기 치유의 한 방법이 곧, 창작 과정일 것이다. 그렇다면 좋은 시, 감동적인 시의 기준은 무엇인가. 이 또한 시대에 따라 문학관의 차이에 따라 매우 다양한 기준을 논해온 것이 사실이다. 그러나 예나 지금이나 여전히 공통되는 좋은 시의 기준은 감동적이며 개성적이고 참신한 이미지의 조형과 섬세한 유기적 의미 형성일 것이다.

Ⅱ

오랜 자기 성찰의 결과든 순간적인 직정(直情)으로서 표현의 결과든 상관없이 시는 음성이 아니라 문자로 백지 위에 포박되는 순간, 철회하거나 수정하기 매우 어렵고 까다로운 기록이 된다. 시어들이 조밀하게 짜여 내적으로 단단히 응축하는 모양새를 가졌다면 더더욱 그렇다. 여기에 서민경의 작품들을 보면 세세한 묘사나 강력한 이미지의 직조보다는 인가적 계기(繼起)에 따른 시적 진술이 훨씬 우세하다. 하지만 개별 작품들이 생성되고 형상화된 내적 동기와 이에 호출된 시어들의 상관관계 등을 따져보면 고

도로 응축된 발화의 형식임을 어렵지 않게 간파해 낼 수 있다. 전체 시편 중에서 비중 있게 등장하는 '이별'과 '그리움'의 그 상관 어휘들인 '세월, 삶, 어머니' 등과 그것의 확장이라 할 수 있는 '시간, 기억, 추억' 등은 읽는 방식에 따라서 탄원이나 기도문 혹은 서약의 문양을 갖추기도 하고, 때로는 반성문이나 남몰래 써야만 하는 치부의 기록처럼 보이기도 한다. 하지만 결국에는 구원의 희구와 성취를 갈망하는 동일한 바탕 위에 있다고 볼 수 있어서 다른 문양의 같은 질감으로 드러난다.

> 안과 밖이 같은 / 텅 빈 동그라미 / 욕심을 비우면 원이 되지 // 동그란 해와 달도 / 품 안의 빛을 지상에 내려놓지 // 다 비우고 산등성이를 넘어가면 / 오늘이 저물고 / 영롱한 황금빛으로 또다시 / 내일이 떠오르지 // 마음을 텅 비우고 / 둥글둥글 어울려 살다 보면 // 새털같이 가볍게 날아올라 // 저 하늘 꽃길을 함께 / 걸을 수 있겠지
>
> **-「동그라미」 전문**

시 「동그라미」에서의 '동그라미'는 기실 둥근 것과는 상관이 없다. 스스로 "안과 밖이 같은/ 텅 빈 동그라미"가 됨으로 스스로 위로가 되어 "욕심을 비우면 원이 되지"라고 진술한다. 둥글다는 것은 뭔가 모진 데가 없이 원만하다는 것인데 이는 '동그라미'로부터 만족하려는 주체에게는

억압된 욕망과 지독한 내적 소외의 어두움이 부드럽고 따뜻한 '동그라미'로 발화될 따름이다. "다 비우고 산등성이를 넘어가면/ 오늘이 저물고/ 영롱한 황금빛으로 또다시/ 내일이 떠오르지"라고 진술하는 것은 결국 구원의 희구이다. 관용의 태도로 세계와의 관계를 형성하려는 자세는 온순한 방식으로 세상을 견디려는 존재 방식이 체화된 모습이다. "마음을 텅 비우고/ 둥글둥글 어울려 살다 보면" 좋은 일만 생길 것이고 세계와 투쟁하지 않으려는 화자의 존재 방식은 세계의 모순을 한 몸에 견디면서도 대상과의 행복한 통합을 구현하려는 동시성을 지닌다. 단절감과 소외감을 배면으로 한 내면은 대상과 사물이 주는 정서적 파동을 다양하게 변주해냄으로 울림과 감동의 깊이를 더하고 있는 것이다.

> 무엇이든 닦아줄 준비가 되어있어 // 괴롭고 서글픈 마음을 안아줄 / 차곡차곡 접힌 / 200장의 향기로운 위로 // 한 장씩 뽑아 / 가슴의 얼룩을 지우렴 // 처음이자 마지막인 / 짧은 대면 / 나는 그렇게 일회용이야 // 보드랍고 찢어지기 쉬운 / 연약한 몸이지만 / 내가 대신 젖어줄게 // 끝내 쓰레기로 버려질지라도
>
> **—「크리넥스」 전문**

시 「크리넥스」에서 보면, 소박한 삶의 보편성과 더불어

경계 지점에 서서 주시하는 시적 화자가 된다. 스스로 "괴롭고 서글픈 마음을 안아줄 / 차곡차곡 접힌 / 200장의 향기로운 위로"자가 되기를 꿈꾼다. 이 시에서 발현되는 긍정의 삶이 실현되는 공간이다. 힘든 삶의 부박함으로 말미암아 비극적 인식이 짙게 물들 때, 시의 주체는 새로운 삶을 상상함으로써 이상적 삶과 현실의 괴리를 조용하게 암시하고 있다.

미리 언급한 바와 같이 서민경의 시의 '진술'은 일차적으로 연약하고 애처로운 내면을 바탕으로 한다. 그리고 서민경의 시는 대상과의 '경계'에서 태어난다. 이 시적 대상들을 우리는 시인의 시에서 주로 '진술'의 형태로 만나게 된다. 시적 화자가 바라보는 시적 대상인 객체를 중심으로 나타나는 묘사와 달리, 진술은 시를 쓰는 주체인 화자를 중심으로 이루어지는 언술이다. 그러나 서민경의 시에서 대상이나 사물은 선행된 체험으로 주어지지만, 쓰는 이의 체험으로 곧장 환원되거나, 구체적인 현존의 감각적 특징으로만 남기를 거부한다. '대상'과의 경계에서 시가 작동한다는 이유가 그래서이다.

한 편의 시는 그 자체가 이미지의 한 단위이며, 한 편의 시 가운데는 여러 개의 이미지들이 포함되어 있다. 그런 이미지들을 통해서 시는 다양하고 복합적인 체험을 감각적인 실체로 제시할 수 있으며, 시의 전체적인 내용과 정서는 각개의 이미지들이 유기적 결합에 의해서 형성되는 전체적 이미지를 통해서만 파악할 수 있다. 그만큼 이미지는 시의 의미와 내용을 담아내는 하나의 용기요, 시인의 감정과 정서를 간접적으로 드러내는 객관적 상관물이다. 서민경의 독창적인 이미지가 그려내는 의미 조형과 그 실천에 얼마나 세심한 관심과 노력이 보이고 있는가는 그의 작품 도처에서 확인해볼 수 있다. 예를 들자면 크리넥스가 위로로 변화하는 의미 변환이 그렇다. 시적 대상과의 경계에서 진술로 만나게 되는 감각적인 실체의 이미지 발현은 서민경의 시가 지니고 있는 가장 큰 장점이기도 하다.

Ⅲ

우리는 누구도 혼자 존재할 수 없다. 항상 그 옆에 누군가 또는 무엇인가가 있어야 한다. 나는 나로서 규정되는 것이 아니라 관계의 의미망에서 규정되기에 내 옆에 누가 있느냐 내가 누구와 관계를 맺느냐가 나의 정체성을 확정해 준다. 즉 내가 실존적으로 존재한다고 말할 수 있는 것은 오직 누군가의 '옆' 혹은 '함께'라는 말이 된다. 그 '옆'은 바로 '타자'이다.

'타자'의 의미를 '사르트르'는 자신의 시선을 통해 나를 객체화시키고, 나의 존재 근거를 마련해주는 존재라고 했다, 즉 이유를 모르고 이 세계에 출현한 나의 존재를 정당화시켜주는 존재는 다름 아닌 타자이다. 그러므로 타자를

본다는 것은 또한 타자 속의 나를 발견하는 의미가 된다. 여기에서 '왜'라는 질문에 대한 답을 가진 주체적인 존재로 탈바꿈한다. 이같이 '나'로부터의 존재 근거가 되는 타자는 바로 '인간'이며 객관적 가치의 '세월'이 되는 셈이다. 그리움의 원형은 사랑이며 그것은 곧 시간성이다. 그렇다면, 시간은 공간과 함께 우리의 삶을 구성하고 또한 규율하는 존재 조건의 한 축이라고 할 수 있다. 현재 생존하고 있거나 사멸의 운명을 맞이하고 있거나 시간의 흐름 혹은, 퇴적의 양상으로 우리 앞에 드러난다. 그 양상은 매우 다양하고도 의미 있는 전개를 이룬다. 그 시간은 사물과 인간, 오래된 것과 소멸의 미래를 앞둔 현재적인 것에도 공히 적용된다. 어떨 때는 존재론적인 양태로 나타나기도 하고 어떨 때는 우리 삶의 조건을 다루기도 하며, 또 이미지의 옷을 덧입으며 현현되기도 하고 꿈과 희망의 형태로 나타나기도 한다. 여기에 서민경의 '그리움'에 대하여 실토하는 것은 그것으로부터 시간과 공간을 읽어내려는 시인의 마지막 시도다. 이것은 결코 쇄말에 대한 집착이 아니라는 것을 각인시키면서 경계선에 서서 관조하며 자신의 존재를 확인하는 것이라 할 수 있다.

동해 바닷길을 거닐던 그대와 / 작은 돌을 주워 / 출렁이는 물결 위에 한 송이 두 송이 / 물수제비 꽃을 피웠지요 // 그대는 떠나가고 / 저 푸른 물결 속에 남아 있는 꽃돌을 / 찾고 싶어요 // 갈매기 울음이 머리 위로 떨어져요 // 다정한 목소리가 귓가에 스며드네요 / 지느러미와 꼬리가 없는 나를 / 파도가 밀려와 위로해요 // 추억은 물거품 같은 것이라고

—「꽃돌」 전문

그가 추억하고 그리워하는 대상, 그의 표현대로 완결을 향한 여정은 쉽지만 않다. 만약 존재의 완성을 향한 길이 순탄한 길이었다면, 자아의 고민도 서정의 열정도 농도 짙게 표현되지는 않았을 것이다. "저 푸른 물결 속에 남아 있는 꽃돌을/ 찾고 싶"다고 실토하는 것은, 그럼에도 시인의 도정은 중단되거나 포기될 수 있는 성질의 것이 결코 아니다. "다정한 목소리가 귓가에 스며드네요/ 지느러미와 꼬리가 없는 나를/ 파도가 밀려와 위로해요// 추억은 물거품 같은 것이라고" 체념하는 것은 다만 현실에 대한 작은 몸부림에서 그 의지를 수렴해 간다. 현실은 현실이라는 외부가 아니라 비현실의 내부에서의 다양한 시도나 분출을 통해서 이루어질 수밖에 없다는 것을 인식하며 째마리들의 공조로 「꽃돌」이 되는 전체성의 이미지를 획득하는 데 성공한다. 이는 자아가 도달해야 할 최후의 여정이 아직 남아 있다는 함축적 의미를 담아내고 있다.

구슬 같은 빗방울이 / 눈물처럼 내리다가 그쳤다 // 산안개 속으로 그리움을 헤집고 / 능선 위에 올랐다 / 이끼 낀 초록 숲의 향기는 변하지 않을 / 어릴 적 추억의 향기다 // 저 건너편에 보이는 / 훌쩍이는 강물이 나를 시리게 바라본다 / 오늘도 그리운 / 그 미련 때문인가, // 구름 사이로 내민 햇살을 품은 / 산새 한 마리가 / 너의 이름을 털어낸다

—「애련」 전문

(중략) 초록 나뭇가지에 / 참새들이 호록호록 날아들 때 / 그리움은 알알이 커져만 갔지 // 쏟아지는 빗소리에 / 귀 기울이다 지쳐 잠이 들면 / 화려한 꽃은 지고 / 어느덧 붉은 열매가 익어 / 가슴팍이 벌어져도 (중략)

—「석류」 부분

그리움이 퇴적된 시간이 나를 가둔 것이 아니라 내가 시간이라는 틀에 들어가 있어 굳이 불평하고 불만을 느낄 이유가 없어졌기에 결국에는 「애련」의 빛깔로 간주해 버렸다. 시에서 내보이는 실토는 개성적인 이미지 조형과 유기적 의미형성을 잘 구사해 내었다고 볼 수 있다. 인식의 완결을 위한 적절한 매개를 완성하였고 또한, 이는 끈을 놓지 않은 긍정의 힘이요, 희망의 전언이리라. 따라서 아무리 당당하여도 나약해질 수밖에 없는 것이 그리움이

고 사랑이다. 또한, 세월의 시간성이다. 시인도 마찬가지다. 그도 나약한 인간이기 때문이다. 여기에는 '나'라는 존재를 거부할 수 없도록 장치되어 있음을 알 수 있다. '그리움'과 '세월'은 소멸의 근본이며 그것은 '나'가 누구인지를 선명하게 알 수 있게 하는 상징적인 것들이다. 하나는 주관이요, 다른 하나는 객관이다. 나를 발견하기 위해 '나'는 '타자'를 볼 수 있게 됨으로써 비로소 나의 길을 찾을 수 있는 실마리를 찾는다.

시 「석류」에서는 더욱 뚜렷하게 나타난다. 시인이 응시하고자 했던 것, 영원과 불화하게 하는 것들, 자신의 정서적 동일성을 훼손한 것들에 대해 치열한 모색을 해온 것이 서민경의 작시법이라 할 수 있겠다. 전체를 응집시켜 나가면서 한 생을 되새김질하며 추억과 성찰을 바탕으로 하는 새로움을 꿈꾸고 있다는 것과 같은 말이 되겠다. 그래서 '그리움'을 생명성과 인내심을 표면 장력으로 활용하면서 생을 탐구하고 보편적인 생의 본질을 꿰뚫어 보려 한 점에서 현실 인식이 짙게 깔려 있다고 볼 수 있다. 언어의 뿌리는 사유에 있고 사유는 체험의 너른 환경에서 자란다. 지정의 세계를 탐색하면서 내면 깊숙이 가라앉아 있는 존재의 경험과 시적 욕망을 전이하고 있는 서민경의 시에서 드러나는 이러한 다양한 시적 스펙트럼은 사물과 인간을 하나로 아우르며 시간을 사유하면서 시간과 공간 속에 내재한 욕망을 읽어내고 있다.

Ⅳ

서민경의 관심사는 특별한 시학이나 그 오해의 기술에 있는 것이 아니라 시가 추구하는 결론으로 귀결되는 것이다. 그래서 그의 시는 인간의 내면에서 생기고 번지고 소멸해가는 그 감정들의 미묘한 무늬들을 자연이나 사물에 빗대어 노래하는 감정의 이입, 즉 투시의 양상을 보여준다. 그의 이런 시편들을 읽다가 우리는 더러 함께 연민을 느끼고 아파하거나 기쁨을 같이하게 된다. 삶을 관조하며 풀어내는 홍얼거림의 그 속을 들여다보면 진솔한 언어의 행진과 그 빛깔들, 향토적 정서 길어 올리기, 섬세하고 나긋한 언어 감각 등, 신선한 감성 자아내기는 한결같이 서정에 뿌리를 내리고 있다. 일정한 거리를 물러서서 인생을 바라보는 관조의 시편들이 모두 질박한 휴머니티를 거느리고 있는 것은 바로 이런 점 때문이다. 일상의 체험에서 우러나오거나 깨달음에서 얻은 감성의 무늬들에 서정의 옷을 입혀 떠올리는, 온건한 듯 뚜렷한 개성을 이루는가 하면, 각별한 미덕으로 읽히게도 한다. 더구나 그의 서정적 자아는 부드러운 감성의 언어들을 거느리고 있기 때문에 언뜻 보기에는 단조로운 느낌을 주지만, 오히려 그런 포즈가 진솔함이 돋보이는 까닭은 '시는 진실이 가장 큰 덕목'이라는 사실에 충실했기 때문일 것이다. 시가 사물의 순간적 파악, 시인의 순간적 사상과 감정표출, 인생의 단편적 에피소드, 영원한 현재 등으로 정의될 수 있다면 서민경의 시는 그런 덕목들을 갖추고 있는 셈이다.

> 싸늘한 바람에 흔들리는 / 담쟁이의 붉은 잎 하나 / 서서히 가을이 온다는 거지 // 세상 밖으로 날아오르는 / 새들의 날개는 분명 / 목적지가 있다는 것인데 / 담벼락에 묶여있네 // 하지만 / 차디찬 돌벽이 그들에게 안식처이지 / 서로 얽히고 조이는 힘이 없었다면 / 담을 타고 오를 수 없지 // 담쟁이들은 기댈 곳이 있어 / 봄이 오면 수많은 덩굴손이 태어나지 // 기댈 곳이 없는 사람들은 / 길을 붙잡고 살아가네
>
> **―「담쟁이」 전문**

작품 「담쟁이」에서 나타나는 시적 자아는 자신에 대한 모든 문제를 인간 보편의 문제로 확대하는 자아 성찰로 구체화한다. 성찰하는 일상은 사물과의 상호 관계성으로 나의 본래성을 생성하는 새로운 일상이 된다. 여기에서도 우주적 사물이 개입되는데 이는 존재적의 타자가 아니라 자신을 확인하는 과정 속의 타자일 뿐이다. 다시 말해서 객체가 없는 주체가 있을 수 없고 객체가 존재하지 않는다면 구도(求道)라는 일상이 존재하지 않는다는 말과도 같은 말이다. 사물은 곧 자신에 비유된다. 시인은 단순한 관찰력에서 벗어난 이치를 깨닫는 과정들이 모두 스스로 회심을 구원한다고 보고 있다. 여태 자기상실에서 벗어나

비로소 삶의 지향점을 향해 나아가는 포즈야말로 마지막 기회처럼 강렬하다. 이제 나를 깨우는 순간에 그 어디든 갈마들 수 있는 목독의 운명으로 갈아탄다. 이 증거는 「담쟁이」에서 화자의 새로운 주체로서의 나의 모습이 구체적으로 드러나기 때문이다. "차디찬 돌벽이 그들에게 안식처이지 / 서로 얽히고 조이는 힘이 없었다면 / 담을 타고 오를 수 없"다는 것을 알아차린 자아성찰의 깊음이 절정에 달한 위 시에서 모든 것이 다 감지가 된다고 하겠다. 과거와 현재를 오가며 쌓인 시간성이 전체성과 결합되어 있는가 하면, 부호로 박아놓은 듯, 「담쟁이」는 시간성과 결합되어 새로운 출발을 부여해 놓았다. "기댈 곳이 없는 사람들은 / 길을 붙잡고 살아가"는 모습을 상기시켜 담쟁이 존재의 밀도를 극대화한 담쟁이의 삶과 인간의 삶에 대한 대비는 끈질김을 환원시켜놓은 괄목할 만한 시적 감각이다. "담쟁이들은 기댈 곳이 있어/ 봄이 오면 수많은 덩굴손이 태어나" 수많은 생명의 발산과 희망의 전언을 내포하고 있다. 한편으로는 성찰적 회귀본능의 인간으로, 다른 한편으로는 새로움을 지향하는 구도자의 자세로 서 있는 서민경은 광대무변의 시간 앞에서 시공간의 기원에 다다르려는 모험을 시도하는 그는 사물의 시간과 인간의 시간 사이에 놓인 지정의 세계를 탐색하면서 내면 깊숙이 가라앉아 있는 존재의 경험과 시적 욕망을 전이하고 있다. 그렇기에 그의 언어는 단순한 창작 행위를 벗어나 삶을 관조하는 성숙된 의식을 바탕으로 일군 결과물이다.

> 탁탁탁 / 도마의 목소리가 사라진 지 오래 // 이른 아침 / 붉은 해를 썰고 이슬을 끓이던 / 도마 소리에 / 내 하품과 귀를 막은 적도 있었지 // 오늘은 어머니 손맛이 그리운 날 / 소리가 멈춰버린 / 저 도마에는 / 어머니의 사랑과 따뜻한 손길이 담겨있다 // 어머니가 그리운 날 / 칼 하나로 / 도마의 목소리를 불러낸다
>
> **—「도마 소리」 전문**

사물에 대한 집착된 비유는 곧 자신에게 환원된다. 사물이 자신의 몸을 열어 보여주는 것은 긴 시간을 요구하거나 특별한 것이 아니다. 잠시 그 본모습을 드러냈다가 사라질 뿐이다. 시인은 사물이 몸을 드러내는 순간의 현현을 기다렸다가 고착된 자신의 이미지로부터 해방된다. 시공이 확장된 시 「도마 소리」에서 보여지듯 "붉은 해를 썰고 이슬을 끓이던 / 도마 소리"의 예리한 파동을 떠올린다. 그러나 순간 단순하게 고정이라는 부동의 이미지에서 그건 이미 시의 밖에서 한세월의 풍화를 견뎌온 고착의 기미와 한패를 이룬 듯 허술해져 있다. 그러나 시인은 이를 삶의 모티브로 몰아붙이면서 소음으로 들렸던 어머니의 도마 소리를 이제는 "어머니 손맛"이라고 비유법을 쓴다. 도마 소리에 고착된 것으로부터 최초의 위로를 얻

지만 사소한 존재의 그 아무것도 거둘 수 없는 양식(樣式)으로부터 낡지 않은 영혼으로 소유함을 상실치 않고 있다는 것을 피력하는 것이 사유에서 뻗어 나간 예리함이 지향하는 바를 일별하게 된다. 덧없이 스러져가는 시간의 공동(空洞) 속에서 잔존하는 마음의 활로는 결국 모든 사물의 실정을 되새기는 데 있다. 눈을 감아도 사물이 처해있는 형국과 속내를 살필 때, 그리고 그 사물과 존재가 처한 현실이 숙명의 현실임을 되새길 때 마침내 시인은 살피기 시작한다. 모든 곳에 가 닿고 싶지만 모든 곳에 가 닿을 수 없는 사물의 숙명, 그 소멸의 허공에 놓인 것들을 향해 빼드는 무기란 바로 활물의 언어다. 즉 사물의 속내를 알아가고 살피는 늡늡한 눈썰미의 언어다.

배꽃은 어머니의 미소다 // 얼굴을 어루만지듯 / 머리를 쓸어내리듯 / 포근한 산들바람이 어머니 손길처럼 / 부드럽게 스쳐 간다 // 생전에 꽃을 좋아하신 어머니 / 배꽃이 떨어진 과수원 밭에는 / 초록 열매가 조롱조롱 열려있다 // 병상에 잠깐 누워계실 때 / 샤워기에 쏟아지는 물꽃으로 / 어머니를 목욕 시켜 드릴 때마다 / 어머니는 배꽃 같은 미소로 화답을 하셨다 // 어머니가 머문 자리에는 / 향긋한 비누향기와 꽃이 있었다 // 지금도 어머니 곁에는 / 영영 지지 않는 꽃이 활짝 미소 짓고 있다

—「배꽃」 전문

위 시는 '배꽃'이라고 하는 단순한 꽃의 이미지로 출발한 것이 아니다. "미소"와 "향기"로 변환하는 이미지로 옮아간다. 자칫 오해하기 쉬운 어법은 오히려 서로 간의 결속이 와해되면서 하나의 대상으로 비유에 이르는 것을 볼 수 있다. 시에서도 보이듯이 "얼굴을 어루만지듯 / 머리를 쓸어내리듯 / 포근한 산들바람이 어머니 손길처럼 / 부드럽게" 자신을 스쳐 가는 이 과정에서 시인은 활물의 칼을 빼 든다. 사물로부터 현실 존재의 속살을 떠낸다. 순간 사물의 외연은 벗겨지고 비로소 존재의 내연이 도드라지기 시작한다. 시인은 변모하는 사물의 결단을 인간사에 대치시키는 술법을 묘사한다. 사물은 아무런 승낙도 없이 사물의 맹목 속으로 들어가 버리고 만다. 너무나 자연스러운 광경이다. 이 현상은 새로운 모습을 드러내는 특정한 시간 속에 들어가 있는 것은 아니다. 시인의 시선이 사물의 내부로 향하면서 새로운 인식에 도달할 때 명확하게 드러나는 법이다. 이때 자아의 내적 상황에 의해 공간과 시간인식이 결정되는 것이다. 시간은 순간적이고 과정적인 실체이다. 그래서 과거가 모두 다 기억되는 것도 아니고 기억된다 하더라도 굳이 지금 나에게 의미 있게만 재생되지는 않는다. 그러나 그에게는 대치의 기술이 기묘하게 작동 된다 "병상에 잠깐 누워계실 때 / 샤워기에 쏟아지는 물꽃으로 / 어머니를 목욕시켜 드릴 때마다 / 어머니는 배꽃 같은 미소로" 딸을 맞이하는 어머니의 모습에서 인식의 완결을 꽤 하고 밀도를 채웠다. "어머니가 머문 자리에는 / 향긋한 비누향기와 꽃이 있었다"고 실토하는 것은 기실 어머니 자체가 늘 배꽃향기처럼 느껴졌기 때문이리라. 여기에 자의식이 명확하게 다가오는 것이다.

우리의 기억이란 것은 어떤 특정한 시간에 대한 사실적 재현이라기보다 그것을 둘러싼 과정적 속성에 대한 상상적 유추적 구성으로 나타난다. 이럴 때 세계는 무엇보다도 이미지 외에 결코 다른 것이 아니기 때문이다. 우리는 개별자로 특정한 삶을 사는 한편, 보편자로서 일반적인 삶의 일부분을 이룬다. 전자를 강조하면 개별적인 세계의 이미지가 남고 후자를 강조하면 그 이미지들의 상관관계인 의미가 남는다. 그런데 개별자로 살아가면서 보편자의 삶을 겪기 때문에 이미지와 의미는 동시에 온다. '루카치'는 『영혼과 형식』에서 "문학 그 자체는 사물의 피안에 놓여있는 것은 아무것도 알지 못한다. 문학에서는 모든 사물 하나하나가 진지한 것이고 유일무이한 것이고 또 비교할 수 없는 것이다. (중략) 이미지와 의미의 분리 역시 하나의 추상이라고 말하고 싶은데, 왜냐하면 의미는 언제나 이미지 속에 감싸져 있고 또 이미지 저편으로부터 비치는 빛의 반영 역시 하나하나의 이미지를 통하여 그 빛을 발하기 때문이다."라고 논저에서 밝혔다. 이렇듯 수사나 미학은 이미지만을 읽고 의미를 버리는 방식이 아니다. 오히려 그것은 의미를 이미지의 발생지이자 담지체로서 읽는 방법이다. 이는 이미지의 발생과 보존과 배치를 감당하는 것이 바로 의미이기 때문이다. 더욱이 수사나 미학은 현재화된 의미만이 아니라 잠재된 의미까지 읽어낸다는 점에서 통상의 독법을 넘어선다고 하겠다.

서민경의 시는 우선 난해하다거나 낯설지가 않다. 시가 갈수록 어려워지고 자신만이 아는 암호 같아서 독자와의 거리가 멀어지는 요즈음, 그의 시는 소통이 잘 된다. 삶이 주는 의미와 인간의 사랑과 슬픔, 혹은 그리움에 대해 그 진실을 이야기할 때, 그 각고의 과정을 통해 나온 일상적 표현들이 얼핏 낡은 듯도 하지만, 자세히 보면 삶의 본질을 진솔하게 드러내고 있어 공감을 갖게 한다. 해설의 도입부에서 언급했듯이 시적 감동은 기교가 아니라 진실에서 오는 것이라 한 번 더 강조하게 된다. 그는 시집 서두의 '시인의 말'에서 "이 모든 소리 내가 풀어야 할 수수께끼이다"라고 말했다. 실타래의 첫 매듭을 지어놓고 오래 기다린 듯하다.

시에 있어서 형상의 의미가 단순히 시각적인 것에만 의존한다면 표현 그 이상의 무엇을 담아낼 수 없을 것이다. 안과 밖의 그 간극에 존재하는 점이지대에는 아직 경험하지 않은 지경에 이르는 정신작용이 늘 존재하며 거기에는 새로운 우주가 공존하고 있는 것이 아닐까. 시집에 진열된 언어는 단순한 창작 행위를 벗어나 삶을 관조하는 성숙된 의식을 보여주고 있으며 환상이나 신화적 요소를 넘어 훨씬 더 원거리에 존재하는 궁극적 언어를 토해내고 있다. 사유를 감각적인 것과 더 이상 분리할 수 없다면 시는 사유할 수 없는 사유를 추구한다. 그렇다면 그것은 곧 감각 경험과 느낌만이 진정한 세계이고 실제라는 말이다. 모든 사물 하나하나가 각각의 것으로, 그 각각은 비교될 수 없는 것. 그래서 의미와 사유는 감각이 만들어 낸 것이며 감각과 사물은 하나의 형태를 가진다. 그렇다면 사유는 곧 생명이 아니던가.